marc desmazières

# en attendant que ma mère meure

*chronique*

éditions de la moulinette

"Elle restait là, assise et toute amour familial,
à leur énumérer déjà en pensée tout ce qu'elle
avait cuisiné et lavé et rangé. De temps à autre,
elle allait à la cuisine faire, de ses petites mains
où brillait une auguste alliance, d'inutiles
et gracieux tapotements artistes avec la cuiller
de bois sur les boulettes de viande qui mijotaient
dans le coulis grenat des tomates.
[...] Amour de ma mère, à nul autre pareil."

Albert Cohen
*le Livre de ma mère*

**En attendant que ma mère meure,**
je regarde ses soutiens-gorge pendre sur le séchoir de sa salle de bains.

**En attendant que ma mère meure,** je lui achète des gâteaux. Un baba au rhum, sans crème, et un éclair au café. Je la regarde les aspirer, essayant de ne pas faire entrer en contact cette nourriture avec ses aphtes.

**En attendant que ma mère meure,** j'ai toujours un blocage sur son code. Comme si je ne voulais pas encombrer ma mémoire de choses bientôt inutiles.

**En attendant que ma mère meure,** elle a mis des fleurs en plastique dans ses vases en cristal.

**En attendant que ma mère meure,** il y a un plateau Mickey sur la table du salon contenant treize boîtes de médicaments.

**En attendant que ma mère meure,** je n'ose pas m'asseoir sur la lunette de ses toilettes qui, tous les jours, embrasse la mort prochaine.

**En attendant que ma mère meure,** je vais lui acheter son pain : "une baguette très grillée s'il vous plaît".

**En attendant que ma mère meure,** sa télévision est toujours allumée. Le seul moment où elle ne parle pas, c'est lorsque Charles Ingalls explique le bien et le mal à ses petits enfants dans la prairie. Elle n'a jamais autant aimé et admiré un homme.

**En attendant que ma mère meure,** elle me répète à chacune de mes visites : "Mais quand inscris-tu ton fils au catéchisme ?"

**En attendant que ma mère meure,** ses carreaux sont sales.

**En attendant que ma mère meure,** je la regarde enfiler ses bas à varices en sifflant dans ma tête la musique publicitaire des collants D.

**En attendant que ma mère meure,** mon frère P. grossit tous les jours. Il en est à près de cent cinquante kilos, sans compter les vêtements.

**En attendant que ma mère meure,** elle ne perd pas du tout la mémoire.

**En attendant que ma mère meure,** elle passe sa mauvaise humeur et ses haines rentrées sur le petit personnel qui lui sert ses carottes “trop froides” et sa viande “trop grasse”.

**En attendant que ma mère meure,** ma femme lui offre un bonnet de nuit en coton. Elle est ravie. Elle n’avait pas reçu de cadeau qui lui fasse autant plaisir depuis longtemps.

**En attendant que ma mère meure,** elle m'explique combien les filles de mon frère sont intelligentes.

**En attendant que ma mère meure,** elle dit qu'elle est bien gentille de prier pour le salut de tous ses enfants qui ne vont même plus à la messe.

**En attendant que ma mère meure,** elle a du mal à pardonner sa fille d'avoir épousé un juif et son fils une musulmane.

**En attendant que ma mère meure,** je vais dans sa cave voir s'il reste du champagne, ou si mon frère P. a déjà tout piqué.

**En attendant que ma mère meure,** je pense à mon frère J-F. en Afrique et à ma sœur C. en Amérique qui ne la reverront peut-être que raide et froide.

**En attendant que ma mère meure,** je ne lui en veux plus d'avoir jeté mon jouet préféré et de m'avoir menti plus de trente ans à ce sujet.

**En attendant que ma mère meure,** je regarde ses bras croisés comme une forteresse inaccessible. Mais je n'ai pas encore lu son testament. Je crois toujours bêtement qu'un jour, ils s'ouvriront.

**En attendant que ma mère meure,** je fais une analyse pour tuer mon père.

**En attendant que ma mère meure,** j'ai comme une impression de solitude dans la file d'attente.

**En attendant que ma mère meure,** je bois de l'eau minérale renforcée au gaz de la source P. dans son frigo.

**En attendant que ma mère meure,** j'oblige régulièrement mes enfants à aller voir leur grand-mère une dernière fois.

**En attendant que ma mère meure,** je l'accompagne à l'hôpital de Villejuif. Dans le taxi, je lui demande :
- Et si c'était à refaire toute cette vie… (sous-entendu de sacrifices, martyrs, sainte, etc.)… Tu recommencerais ?
- Évidemment.

**En attendant que ma mère meure,** il fait une chaleur à crever chez elle.

**En attendant que ma mère meure,** dans son appartement, je compte le nombre de photos de mes enfants et le compare à celui de mes frères et sœurs.

**En attendant que ma mère meure,** elle a renoncé à nous poser sa question leitmotiv :
"Mais combien gagne votre père ?"

**En attendant que ma mère meure,** ma sœur M. vient la laver toutes les semaines.

**En attendant que ma mère meure,** je trouve l'allitération très belle.

**En attendant que ma mère meure,** mon frère est mort.

**En attendant que ma mère meure,** ma fille de sept ans, apprenant la nouvelle, a estimé dès 7 heures 10 du matin : “Il ne rentrera jamais dans le trou”.

**En attendant que ma mère meure,** mon dernier frère est embêté. Il pensait plutôt revenir pour le décès de ma mère.

**En attendant que ma mère meure,** je dois aller l'apprendre à mon père et à ma mère. Je commence par le plus facile.

**En attendant que ma mère meure**, mon père n'aime pas les discours. A peine entré dans son bureau, je lui balance le morceau. Imperturbable dans son travail qui passe avant tout, il énumère sans trembler sa liste exhaustive des dispositions à prendre : appeler les pompes funèbres, enterrer le plus vite possible, ne pas faire de messe, ne prévenir personne ; il ne veut voir personne. Après deux minutes trente de silence, il se lève et pleure.

**En attendant que ma mère meure,** un commercial m'appelle pour m'engueuler de mon retard à la présentation client. Il n'a pas écouté le message que je lui ai laissé sur son téléphone portable.

**En attendant que ma mère meure,** ma mère a perdu son fils préféré. Comment faire rentrer cela dans son cerveau sans rendre plus douloureuse sa tumeur. Je lui achète des chaussons aux pommes.

**En attendant que ma mère meure,** sa concierge portugaise me met gentiment en garde :
“Si vous dites à votre mère que son fils P. est mort, vous la tuez !” Et claque la porte de sa loge.

**En attendant que ma mère meure,** ma sœur me conseille d’appeler son médecin traitant qui me dit : “Sa tumeur ne craint rien, mais allez-y progressivement.”

**En attendant que ma mère meure,** je me prépare psychiquement à la voir s'effondrer et tomber en larmes dans mes bras. Je prends mon souffle, la bête est assez lourde.
- Maman, il faut que je te dise, P. a eu un malaise cette nuit et a été transporté d'urgence à l'hôpital…
- Heureusement qu'on ne m'a pas réveillée.

**En attendant que ma mère meure,** elle m'énerve et je lui crache qu'il est mort ! Quand je pense que c'était son fils préféré, qu'est-ce que ça serait si elle m'enterrait !!!

**En attendant que ma mère meure,** elle n'a pas de temps à perdre. Elle dit : "Bon, ton père m'a déjà empêché de voir le cadavre de ton frère B., je ne le laisserai pas recommencer. Allons-y !"

**En attendant que ma mère meure,** je vois une nouvelle version du paralytique guéri. Ma mère s'est levée d'un coup, marche sans canne, cherche son manteau et me fait remarquer que je suis lent.

**En attendant que ma mère meure,** nous sommes tous les deux devant le cadavre de mon frère. Allongé sur son lit, un peu de sang coagulé au bord des lèvres, il est tout bleu. Serait-ce donc lui le schtroumpf mort ?

**En attendant que ma mère meure,** elle demande un chapelet à ma nièce, l'enroule dans les mains de mon frère et le recommande à Dieu.

**En attendant que ma mère meure,** elle voit les deux gars des pompes funèbres arriver avec leur civière et leur soixante kilos chacun… Elle soupire :
“Si vous croyez que vous allez arriver à le porter…”

**En attendant que ma mère meure,** le gendre de mon frère arrive. Il aimerait bien me montrer son dossier de dessins. Ils peuvent certainement intéresser quelques clients de ma connaissance, pense-t’il.

**En attendant que ma mère meure,** la scène tourne au boulevard. Alors que les deux petits gars essaient de trouver une dignité en emportant mon frère emballé dans du plastique, une collaboratrice de son bureau entre à ce moment douloureux pour récupérer des dossiers.

**En attendant que ma mère meure,** je vais porter les draps et la couette au pressing, et jette à la poubelle l'oreiller ensanglanté et au désir mort.

**En attendant que ma mère meure,** les murs de l'escalier étroit qui conduit du $7^e$ au rez-de-chaussée porte les stigmates : les traces des poignées en caoutchouc de la civière sur laquelle a été descendu mon frère.

**En attendant que ma mère meure,** je la raccompagne chez elle. On arrive "juste à temps" pour son feuilleton.

**En attendant que ma mère meure,** je rentre chez moi et ouvre une bouteille de beaujolais à la mémoire de mon frère. C'était son vin préféré avec le gros plant.

**En attendant que ma mère meure,** je pleure à l'enterrement de mon frère. C'est le dernier jour de mars, les arbres sont en fleurs et comme tous les printemps, les graminées attaquent les allergiques sans prévenir. Et je n'ai pas d'antihistaminiques sur moi. Snif.

**En attendant que ma mère meure,** ma fille avait raison. Ils n'arrivent pas à le mettre dans le trou. Elle tire ma manche pour capter mon attention et me le fait triomphalement remarquer.

**En attendant que ma mère meure,** elle est sur un fauteuil roulant. Sachant que ce sera elle la prochaine, je me demande qui sera celui d'après.

**En attendant que ma mère meure,**
elle n'arrive pas à se faire aux hurlements culturels de la femme et de la belle-mère musulmanes de mon frère au pied de sa tombe.

**En attendant que ma mère meure,**
au moment des serrements de main, le beau-frère de P. qui travaille chez l'opérateur de téléphonie mobile S. est ravi de faire ma connaissance.

**En attendant que ma mère meure,** quelques jours après la mort de P., elle revit. C'est sûr que cent cinquante kilos, cela fait un poids en moins.

**En attendant que ma mère meure,** la veuve de mon frère me dit que de toute façon, elle allait le quitter. Et m'offre son énorme montre en or de la marque R. Je fais un rapide calcul. Avant de la porter, il faudra que je grossisse d'environ quatre-vingt huit kilos.

**En attendant que ma mère meure,** elle cherche désespérément une photo officielle de mon frère où il n'aurait pas l'air monstrueux, afin de la mettre “à côté des autres”.

**En attendant que ma mère meure,** ma fille A. casse sa trottinette en allant rendre visite à sa grand-mère pour la dernière fois. Elle est très malheureuse. Elle l'adorait.

**En attendant que ma mère meure,** c'est dimanche. Trois de mes enfants sont partis en Auvergne avec leur mère. Je vais enfin pouvoir écrire ces messages radio que j'ai promis à mon client S. pour demain et dont je n'ai absolument pas eu le temps de m'occuper de la semaine.

**En attendant que ma mère meure,** j'avance pas mal. A midi, j'en ai déjà écrit la moitié. A 5 heures, j'aurai terminé.

**En attendant que ma mère meure,** la jeune fille qui s'occupe d'elle m'appelle en pleurs : "C'est la fin. Votre mère est tombée. Les pompiers l'emmènent à Ambroise Paré. Vous devez y aller tout de suite !" Je n'aurai pas fini à 5 heures.

**En attendant que ma mère meure,** j'imprime ce que j'ai déjà fait et pars avec mes brouillons à l'hôpital.

**En attendant que ma mère meure,** je vois le médecin qui me dit que c'est effectivement la fin, mais que sa vie peut encore durer entre quelques et 24 heures…

**En attendant que ma mère meure,** elle respire très difficilement. J'ai du mal à me concentrer. Nez en l'air, stylo dans la bouche, j'ai envie de lui dire de faire moins de bruit, mais mon père et ma sœur arrivent.

**En attendant que ma mère meure,** je cache rapidement mes papiers. Je me sens soudain comme "l'Étranger de Camus 2, le Retour", avec Sylvester Stallone.

**En attendant que ma mère meure,** je regarde, fasciné, l'émotion et les larmes de mon père. Moi qui depuis trente-cinq ans ne le vois que lui faire la gueule en ayant toujours l'air exaspéré.

**En attendant que ma mère meure** et que mon père arrête ses larmes, je me souviens tout à coup que je suis l'un de leurs enfants.

**En attendant que ma mère meure,** elle attend. Elle attend forcément que je me bouge le cul et que j'aille chercher un chapelet comme elle l'a fait pour P. Tandis que je vais chercher le sien dans son avant-dernière demeure, j'ai l'impression d'avoir une mort d'avance sur les autres acteurs qui entourent ses râles.

**En attendant que ma mère meure,** je suis revenu avec le chapelet. Bon. Elle ne meurt pas.

**En attendant que ma mère meure,** mon père et moi regagnons nos bureaux respectifs. Il est déjà 5 heures.

**En attendant que ma mère meure,** la nuit est tombée sur l'agence. Je travaille à la lueur de mon ordinateur. Comme si je la veillais.

**En attendant que ma mère meure,** il est 8 heures, je n'ai pas fini, j'en ai marre, je rentre.

**En attendant que ma mère meure,** j'ouvre une bouteille de bordeaux avec mon fils F. Elle sent bon. J'adore le Pauillac. Au moment où le nectar allait entrer au contact, le téléphone sonne. Une voix me libère de mon attente.

**En attendant que mon père meure,** nous sommes autour du lit d'hôpital où repose le corps de ma mère. Je joue les maîtres de cérémonie devant mon père et ma sœur très émus. Je fais un signe de croix sur son front, lui embrasse la joue et me recule pudique et digne. Les deux autres répètent scrupuleusement ma chorégraphie, geste pour geste, avec la même conviction. Du coup, je n'ose pas me gratter le nez.

**En attendant que mon père meure,** l'infirmière lui remet la bague de fiançailles et l'alliance de ma mère qu'elle n'aura jamais quittées pendant plus de cinquante ans.

**En attendant que mon père meure,** je passe une bonne nuit malgré le souci de mon travail non terminé.

**En attendant que mon père meure,** il faut prévenir les deux exilés. Ça va, la voie est libre. Ils n'ont plus à craindre le moindre courroux de ma mère. Ils peuvent rappliquer.

**En attendant que mon père meure,** ma sœur trouve le testament de ma mère dans le deuxième tiroir de la commode du fond.

**En attendant que mon père meure,** le testament fait sept pages. Six sont consacrées aux lectures qu'elle veut pour sa messe d'enterrement.

**En attendant que mon père meure,** ma mère ne veut pas que son mari garde ses meubles et ses draps s'il se remarie.

**En attendant que mon père meure,** sur la dernière page, ma mère demande pardon pour "les manques d'amour qu'elle a pu avoir".

**En attendant que mon père meure,** ma mère a bien stipulé que j'héritais du journal intime qu'elle écrivait entre ses seize et vingt-cinq ans. Je le lui avais demandé lors de nos trajets à Villejuif.

**En attendant que mon père meure,** les inévitables altercations adviennent. Celles-ci ne sont pas entre frère et sœur, mais entre moi et le personnel des pompes funèbres sur des histoires d'orthographe et d'accord de participe passé sur le faire-part de décès.

**En attendant que mon père meure,** je vais dealer le contenu de la messe d'enterrement de ma mère. Sur son testament, elle a émis le souhait que l'on y chante "Alléluia". Problème technique : on ne chante pas Alléluia pendant le Carême, c'est écrit dans les livres. J'explique au curé, avec mauvaise foi, que cette pauvre pêcheresse n'a pas eu le loisir de choisir le jour de sa mort, et qu'au vu des états de service de la défunte, le représentant de la loi divine, pourrait faire un geste "commercial" pour cette fidèle "cliente". Je gagne le deal : Allah est grand.

**En attendant que mon père meure,** le curé me félicite pour mes connaissances religieuses et me demande où je les ai acquises. Tout en lui répondant, nous nous reconnaissons. Ce curé était le préfet de division de l'école où ma mère nous avait inscrits. Presque gêné, sans que je lui demande quoi que ce soit, il m'avoue qu'il avait pour consigne de ses pères pairs, de nous "casser".

**En attendant que mon père meure,** ma sœur qui vient juste d'arriver de Tampa Florida me demande si sa mère a bien son alliance au doigt avant son dernier voyage… Non, elle ne l'a pas : "Sauvez Willy N°54." J'appelle mon père. Il l'a rangée là, dans le deuxième tiroir de sa troisième commode. Je la trouve là. Et saute dans un taxi. Sous une pluie battante, le regard fixé sur ma montre, il ne me reste plus que quelques minutes avant que le capot de son cercueil 1re classe ne se referme. Avec mes chaussures vernies et mon souffle de justicier de l'éternité, je bats le record de traversée du cimetière des Batignolles pour enfin arriver au crématorium, avec quelques minutes d'avance sur le tournage des écrous. Et comme pour la Belle au bois dormant, je saisis sa main et reproduis ce geste que seul mon père avait osé faire cinquante-deux ans auparavant. L'anneau magique est à son doigt. Mais, pas comme dans Walt Disney, elle ne se réveille pas.

**En attendant que mon père meure,** mon frère J-F. entre en scène. Il fait remarquer au digne représentant des pompes funèbres, qu'il s'est trompé de date de naissance sur la plaque en cuivre. Ce qui signifie, précise-t-il, le non-paiement par Maître D. de la "Party". Ce dernier blêmit, et dans un temps digne de ma traversée du cimetière des Batignolles, il répare l'impair : 1926.

**En attendant que mon père meure,** il est venu à l'enterrement de sa femme.

**En attendant que mon père meure,** il était content de penser que c'était la dernière fois qu'il entendrait l'épître de "La femme forte", et que désormais, plus personne ne le ferait jamais chier avec le texte préféré de ma mère.

**En attendant que mon père meure,** il nous invite au restaurant.
Je me demande qui va payer le jour de son enterrement.

**En attendant que mon père meure,** le lendemain, il met son appartement en vente.

**En attendant que mon père meure,** il veut se débarrasser de son ancienne vie comme si elle avait la peste.

**En attendant que mon père meure,** il me demande de remettre une enveloppe avec un peu d'argent à la jeune fille qui a accompagné ma mère dans ses derniers jours.

**En attendant que mon père meure,** il trouve que les experts ne vont pas assez vite pour estimer le mobilier. C'est vrai que ma mère est morte depuis une semaine.

**En attendant que mon père meure,** je fais le tour de l'appartement avec le frère aîné de ma mère. Il me raconte l'histoire sentimentale de chaque objet qu'elle gardait précieusement dans sa chambre.

**En attendant que mon père meure,** je range et trie les affaires de ma mère avec ma sœur M. Nous trouvons dans une petite valise, des lettres et un foulard à la gloire du Maréchal Pétain.

**En attendant que mon père meure,** je trouve également trois coffrets de champagne haut de gamme à la cave. Je fais main basse sur eux en pensant à mon frère P. Puis, pris d'un soupçon de remords, en tends un à ma sœur qui les avait déjà repérés. Elle me dit "Merci" sans me juger.

**En attendant que mon père meure,** les experts ont enfin réussi à estimer le tableau de maître que l'on nous a fait vénérer toute notre vie. Il s'agit de vaches dans un pré, toile du célèbre peintre normand Eugène Boudin. L'estimation qui démarrait autour de 150 000 euros est finalement arrêtée à 5 500 euros. Et l'œuvre attribuée à son véritable auteur, Edouard Baudin, grand admirateur d'Eugène Boudin.

**En attendant que mon père meure,** sont restés dans l'appartement vide de ma mère tous ses objets religieux, indésirés. Si Dieu ne vous abandonne pas, peut-on décemment l'abandonner ? Je prends alors sous ma protection ces brebis égarées : le crucifix qui aura trôné toute sa vie au-dessus de son lit (mais sans le buis), la Piéta en bois peint et sculpté qu'elle adorait, un tableau de la Vierge et de l'enfant Jésus plus quelques autres objets pleins de foi. Et envoie illico presto le tout en salle des ventes. Résultat : 5 000 euros. Indéniablement, Dieu me rend mon geste de générosité.

**En attendant que mon père meure,** en deux mois, il a vendu son appartement et racheté un nouveau. De sa vie antérieure, il emporte quelques photos, une table ronde et une petite commode.

**En attendant que mon père meure,** je le regarde boire du vin rosé avec des glaçons.

**En attendant que mon père meure,** il vient de s'installer dans son nouvel appartement. Il me demande de reprendre le plus vite possible la table ronde et la petite commode.

**En attendant que mon père meure,** lorsqu'il laisse un message sur un répondeur, il jette simplement : "Desmazières". Comme s'il n'avait plus une seconde à perdre.

**En attendant que mon père meure,** ce qu'il préfère, c'est regarder les dessins animés.

**En attendant que mon père meure,** j'ose enfin lui demander pourquoi il était parti et pourquoi il était revenu. Je n'aurai mis que trente ans.

**En attendant que mon père meure,** il fête ses soixante ans d'activité professionnelle. Il est manifestement plus loquace qu'à l'anniversaire de ses cinquante ans de mariage.

**En attendant que mon père meure,** je le vois encore moins qu'avant. Peut-être deux fois par an. C'est vrai que maintenant, il est dans le 17$^{e}$.

**En attendant que mon père meure,** l'analyse m'a aidé à ne plus lui en vouloir. Ce que je croyais être du manque d'amour était en fait de la culpabilité.

**En attendant que mon père meure,** je m'imagine parfois domestiquer le Fleuve Jaune à mains nues.

**En attendant que mon père meure,** il me dit d'aller mettre des fleurs sur la tombe de sa femme le 1er novembre et qu'il me remboursera. J'ai envie de lui dire : "Vas-y toi-même !" Mais j'y suis déjà allé.

**En attendant que mon père meure,** après vingt ans d'exil volontaire entre la Côte d'Ivoire, le Gabon, le Liban… mon frère J-F. rentre à Paris.

**En attendant que mon père meure,** jour après jour, sa surdité devient plus propre que figurée.

**En attendant que mon père meure,** il veut officialiser sa "relation extérieure" de vingt ans. J'annonce à mes enfants la venue prochaine de mon père avec "son amie". Mon fils A. me dit :
- Très bien. Et la tienne, on la voit quand ?

**En attendant que mon père meure**, mes filles trouvent l'amie de mon père très gentille.

**En attendant que mon père meure,** je vais au cimetière avec mes filles. Elles adorent nettoyer la tombe, la frotter avec le balai et balancer plein d'eau dans tous les sens. Lorsque nous repartons, la tombe est toujours bien propre, et elles, dégueulasses.

**En attendant que mon père meure,** je regarde la bouteille de whisky, qu'il est le seul à boire chez moi, se vider. Je me dis qu'elle se terminera peut-être en même temps que sa vie.

**En attendant que mon père meure,** j'ai, tout bien réfléchi, hérité de quelque chose de lui : l'indifférence au froid, à la pluie, à la douleur, aux épreuves longues…

**En attendant que mon père meure,** il y a plein de nouvelles mortes au cimetière. Les fleurs et les plantes vertes ont subi le même traitement que les vieux durant cet été 2003, et gisent, jaunes, sur les marbres brûlants. J'ôte ces hôtes indésirés, et ne garde que mes propres morts.

**En attendant que mon père meure,** il m'appelle pour me dire que son jeune cousin vient de mourir à l'âge de soixante-quinze ans. Il flippe. Pour dissiper son malaise, il agite son spectre préféré : "De toute façon, mes obsèques sont déjà payées."

**En attendant que mon père meure,** il va à la réunion de parents d'élèves de la seconde fille de mon frère P.

**En attendant que mon père meure,** je regarde ses mains trembler en prenant son whisky. Et je pense à Kirk Douglas en train de dire à Henry Fonda : "Tu trembles coyote !?"

**En attendant que mon père meure,** je fais mon top 5 des cimetières.

N°5 : Cimetière de Saint-Christophe les Gorges, Cantal, pour sa simplicité.

N°4 : Cimetière juif de Prague pour son côté baroque.

N°3 : Cimetière marin de Bonifacio pour sa lumière.

N°2 : Cimetière San Michele de Venise, dans sa partie réservée aux étrangers, pour sa poésie absolue.

N°1 : Ces petits tas de cailloux qui font office de tombe sur la route de Ouarzazate à Zagora, pour leur honnêteté intellectuelle : "On vit seul, on meurt seul."

**En attendant que mon père meure,** je lui demande ce qu'il veut qu'on lise le jour où on le mettra dans le trou. Sans hésiter, il me répond : "L'article 1156 du Code Civil et les suivants."

**En attendant que mon père meure,** ça peut durer longtemps ces conneries. Je mets mon manteau et sors profiter du soleil.

**En attendant que mon père meure,** deux ans et demi plus tard, il se remarie. Certes, il n’a pas gardé les meubles de ma mère. Mais ses draps ?

Conception graphique : lili desmortiers